HISTORIA VERDADERA
DE UNA
PRINCESA

D.R. © CIDCLI, SC

Av. México 145–601, Col. del Carmen

Coyoacán, C.P. 04100, México, D.F.

www.cidcli.com.mx

D.R. © Inés Arredondo (México)

Ilustraciones: Enrique Rosquillas (México)

Diseño gráfico: María Figueroa

Primera edición, 1984

Séptima reimpresión, 2006

ISBN: 968–494–016–5

Impreso en México / *Printed in Mexico*

reloj de cuentos

HISTORIA VERDADERA DE UNA PRINCESA

Texto: Inés Arredondo
Ilustraciones: Enrique Rosquillas

Junto al sitial de su padre, muda, bordando o fingiendo que bordaba, la pequeña Princesa escuchaba los asuntos de estado que se le presentaban al Rey, en los diversos idiomas de todos los señoríos a la redonda.

Con gran regocijo, el Rey se encontró un día hablando con su hija de la política de toda la región y pudo comprobar que dominaba el habla de vecinos, amigos y

enemigos. El Rey hizo entonces que se preparara un gran banquete, digno de un poderoso soberano muy querido y pasó horas tratando asuntos de interés público con su única hija como compañía.

Pero poco duró el regocijo de ambos: el padre murió, muy joven, de un mal repentino.

Pronto la Reina viuda encontró consuelo en brazos del primer ministro y se casó con él. Tuvieron un hijo, y la Reina, enloquecida de amor por su nuevo marido y su hijo

varón, no se acordaba de que tenía una hija.

Esto duró hasta que su marido le hizo darse cuenta de que la princesita hablaba durante horas con los viejos consejeros de su padre, con los mercaderes de su tierra y de otras tierras y con todo el mundo que quería acercarse a ella. El pueblo la mimaba y encontraba aquella situación

muy conveniente, porque la Princesa estaba llamada a gobernar, siendo la única heredera de su padre, y gobernaría en cuanto tuviera la edad que las leyes estipulaban.

Cuanto más popular era la jovencita, más y más la odiaban su padrastro y su madre. Ésta, enceguecida por la pasión hacia el primer ministro, anhelaba, como él, que el futuro rey fuera el hijo de ambos.

Las malas pasiones se enconan como llagas podridas y, si encuentran la forma

de darse satisfacción, hacen que una madre llegue a vender a su hija como esclava: la Reina aprovechó que murió la hija de una de sus damas de honor y, comprando y amenazando a ésta, hizo que la niña fuera velada y llorada por el

pueblo como si fuera la Princesa, mientras a ella, en plena noche, la entregó a los tratantes de esclavas. La condición que la madre infame puso a los comerciantes de seres humanos fue que la vendieran en tierras muy, muy lejanas, donde nadie la pudiera reconocer.

La Princesa buscó con los suyos los ojos de su madre, que los rehuyeron. Entonces levantó la cabeza y, sin volverla atrás, caminó entre los otros esclavos enmedio de la oscuridad.

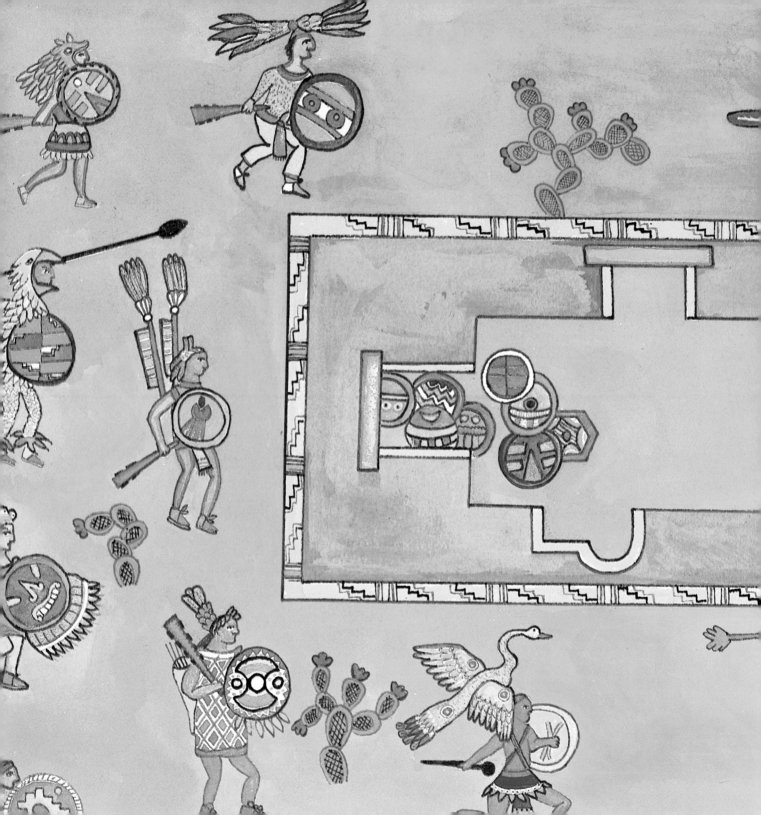

Pasó el tiempo, y la ciudad donde la Princesa era esclava fue tomada a sangre y fuego por unos extranjeros. Entre las ofrendas que los señores del lugar dieron a los vencedores, estaba la Princesa. Destacaba por su porte y hermosura y, muy pronto, sus nuevos dueños pudieron apreciar su facilidad para aprender la lengua de ellos y demostrar cuántas más sabía.

El capitán pronto la hizo su inseparable compañera. Fue su traductora y consejera

en los tratados con los vencidos. Porque cien batallas y cien victorias guerreras presentó el capitán.

Y enmedio de batallas y tratados, el capitán y la Princesa se enamoraron y tuvieron un hijo que fue el regocijo de ambos en los momentos que tenían de sosiego.

El capitán observaba que cuando tenía en brazos al pequeño, una nube de tristeza velaba la expresión de la Princesa. Le preguntó muchas veces qué le sucedía,

hasta que un día ella le contó toda su historia.

El capitán mandó a sus tropas tomar el camino que iba al reino que a ella le había sido arrebatado. Y como ya los reyes y señores de la región sabían que aquel ejército era invencible, se rendían sin luchar y así llegó sin trabajo a los límites del reino de la Princesa. Fueron mandados llamar el medio hermano y la madre de la Princesa, pues el primer ministro ya había muerto.

Al día siguiente, postrados en el polvo, llorando y temblando de miedo, los encontraron el capitán y la Princesa. La madre no pudo negar la historia por el gran parecido que su hija tenía con ella y, quizá, porque hacía muchos años que la conciencia le echaba en cara el mal que había hecho a su hija. Cuando la vio junto al capitán se dio por muerta y comenzó a llorar y temblar más fuerte, sin poder levantar la cara.

Pero la Princesa, sin vacilar, bajó la

escalinata, abrazó a su madre y a su medio hermano. Los levantó del polvo, limpiándoles la cara con su pañuelo y los llenó de espléndidos regalos: alimentos, joyas, ropas, todo aquello que pudo encontrar.

Ya más calmados, la madre y el hijo reconocieron que el reino era de la Princesa y quisieron entregárselo de todo corazón. Pero no, no quiso el reino, pues ella tenía su propio destino y lo sabía. Los dejó ir en paz, perdonados y contentos.

Pero la que se sentía más feliz era ella.

Hace muchos miles de años sucedió lo
mismo en Egipto, con José y sus hermanos,
como cuenta la Biblia. Esta casi repetición

tuvo lugar en México hace algo menos de
500 años.

Sí, a la princesa la llamaban la Malinche
y el capitán era Hernán Cortés.

Historia verdadera de una princesa
se acabó de imprimir en el mes de julio de 2006
en los talleres de Expertos en Impresión, S.A. de C.V.,
Tlaxcala núm. 17, col. Barrio de San Francisco,
Delegación Magdalena Contreras, C.P. 10500,
México, D.F. El tiraje fue de 3,000 ejemplares.